국민건강보험공단

기출동형 모의고사

제1회	영 역	직업기초능력평가, 직무시험(노인장기요양보험법)
	문항수	80문항
	시 간	90분
	비 고	객관식 4지선다형

SEOWONGAK
(주)서원각

✏️ **직업기초능력평가**

1. 다음은 어느 공문서의 내용이다. 잘못된 부분을 수정하려고 할 때 옳지 않은 것은?

대한기술평가원

수신자 : 대한기업, 민국기업, 만세기업, 사랑기업, 서준기업 등 (경유)

제목 : 2015년 하반기 기술신용보증 및 기술평가 설명회 안내

〈중략〉

－아래－

1. 일시 : 2016년 8월 6일 ~ 8월 9일
2. 장소 : 대한기술평가원 대강당(서울 강남구 삼성동 소재)
3. 접수방법 : 대한기술평가원 홈페이지(fdjlkkl@dh.co.kr)에서 신청서 작성 후 방문 및 온라인 접수

붙임 : 2015년 하반기 기술신용보증 및 기술평가 설명회 신청서 1부

대한기술평가원장

과장 홍길동   부장 임꺽정   대결 홍경래

협조자

시행 : 기술신용보증평가부－150229(2016.06.13)

접수 : 서울 강남구 삼성동 113 대한기술평가원 기술신용보증평가부/http : //www.dh.co.kr

전화 : 02-2959-2225

팩스 : 02-7022-1262/fdjlkkl@dh.co.kr/공개

---

① 시행 항목의 시행일자 뒤에 수신기관의 문서보존기간을 삽입해야 한다.
② 붙임 항목 맨 뒤에 "."을 찍고 1자 띄우고 '끝.'을 기입해야 한다.
③ 일시의 연월일을 온점(.)으로 고쳐야 한다.
④ 수신자 목록을 발신명의 아래에 수신처 참조 목록으로 내려 기입해야 한다.

2. 다음 글에 대한 설명 중 옳지 않은 것은?

한반도는 태백산맥이 한반도 우편에 있으며, 동쪽이 높고 서쪽이 낮은 구조로 되어 있어, 우리나라 하천 대부분은 서해나 남해로 유입한다. 깊은 계곡이 조밀하게 발달하여 유역면적과 비교하면 하천 길이가 길고 하천 밀도도 높은 것이 특징이다. 이러한 우리나라 하천은 일반적으로 '시내', '내', '강(江)' 및 '천(川)' 등으로 구분하고 있으며, 행정 실무에서는 법으로 하천을 설정하여 관리하고 있으며, 크게는 하천과 소하천으로 구분할 수 있다. 하천이라 하면 보통 하천법이 적용되는 법정하천을 지칭하며, 법정하천은 국가하천과 지방하천으로 구분한다. 국가하천은 국토보전상 또는 국민경제상 중요한 하천으로서 국토교통부 장관이 그 명칭과 구간을 지정하며, 지방하천은 지방의 공공이해와 밀접한 관계가 있는 하천으로서 시·도지사가 그 명칭과 구간을 지정한다. 소하천은 하천법이 아닌 소하천정비법의 적용을 받는 하천이며, 시장·군수 또는 자치구의 구청장이 그 명칭과 구간을 지정한다. 이렇듯 우리나라 하천은 하천법 또는 소하천정비법에 따라 준용되고 있으며, 하천 대부분이 국가하천, 지방하천 및 소하천에 해당된다.

우리나라 하천 중 규모가 크고 널리 알려진 하천은 대부분 국가하천이다. 국가하천은 유역면적 크기가 대부분 큰 편(200㎢ 이상)이므로 대하천이라 할 수 있으며, 또한 주요 하천이라 할 수 있다. 전국 국가하천은 62개소이며, 지방하천은 3,773개소이며, 권역별 시도별 하천현황은 다음과 같다.

구분	합계		국가		지방	
	개소	연장(km)	개소	연장(km)	개소	연장(km)
전국	3,835	29,783	62	2,995	3,773	26,788
한강권역	913	8,566	19	917	894	7,649
낙동강권역	1,185	9,626	17	931	1,168	8,694
금강권역	877	6,105	17	682	860	5,423
섬진강권역	423	2,626	3	238	420	2,388
영산강권역	377	2,253	6	225	371	2,027
제주도권역	60	605	–	–	60	605

① 금강권역의 877개 하천은 하천법의 적용을 받는다.
② 한강권역의 913개 하천 중 서울시의 공공이해와 밀접한 관련이 있는 하천은 서울시장이 그 구간을 지정한다.
③ 국가하천과 지방하천의 구분 기준은 지리적 위치 및 하천면적의 크기가 아니다.
④ 제주도의 60개 하천은 모두 국토교통부 장관이 그 명칭을 지정한 것이다.

3. 다음 중 주어진 글의 밑줄 친 ㉠과 같은 의미로 쓰인 것은?

> 증여는 당사자의 일방이 자기의 재산을 무상으로 상대방에게 줄 의사를 표시하고 상대방이 이를 승낙함으로써 성립하는 계약이다. 증여자만 이행 의무를 ㉠진다는 점이 특징이다. 유언은 유언자의 사망과 동시에 일정한 법률 효과를 발생시키려는 것을 목적으로 하는데, 유언자의 의사 표시만으로 유효하게 성립하고 의사 표시의 상대방이 필요 없다는 점에서 증여와 차이가 있다.

① 선생님께 하해와 같은 은혜를 지었다.
② 당신은 당신이 한 말에 책임을 져야 합니다.
③ 바람을 지고 달리다.
④ 배낭을 등에 지다.

4. 다음은 민수와 영희의 대화 내용이다. 밑줄 친 단어 중 표준어가 아닌 것은?

> 민수 : 요즘 날씨가 너무 더워. 이런 날에는 시원한 계곡에 가서 수박도 먹고 물장구도 치면서 놀아야 되는데.
> 영희 : 시끄러워. ㉠농땡이 치지 말고 일이나 열심히 해.
> 민수 : ㉡거시기 우리 그러지 말고 이번 주말에 계곡으로 여행가는 게 어떨까?
> 영희 : 아, 싫어. 내가 왜 너하고 그 황금 같은 주말을 같이 보내야 되는데? 가려면 너 혼자 가!
> 민수 : 에이. ㉢깍쟁이처럼 굴지 말고 한 번 가자.
> 영희 : 음, 그럴까? 어차피 날도 더운데. 워터파크 간다고 생각하지 뭐. 대신 이 ㉣허드랫일 좀 도와줘. 이걸 이번 주까지 해야 되는데 나 혼자서는 무리야.
> 민수 : 그래. 이 정도쯤이야 내가 얼마든지 도와줄게.

① ㉠   ② ㉡
③ ㉢   ④ ㉣

5. 다음은 '전교생을 대상으로 무료급식을 시행해야 하는가?'라는 주제로 철수와 영수가 토론을 하고 있다. 보기 중 옳지 않은 것은?

> 철수 : 무료급식은 급식비를 낼 형편이 없는 학생들을 위해서 마련되어야 하는데 지금 대부분의 학교에서는 이 아이들뿐만 아니라 형편이 넉넉한 아이들까지도 모두 대상으로 삼고 있으니 이는 문제가 있다고 봐.
> 영수 : 하지만 누구는 무료로 급식을 먹고 누구는 돈을 내고 급식을 먹는다면 이는 형평성에 어긋난다고 생각해. 그래서 난 이왕 무료급식을 할 거라면 전교생에게 동등하게 그 혜택이 돌아가야 한다고 봐.
> 철수 : 음… 돈이 없는 사람은 무료로 급식을 먹고 돈이 있는 사람은 돈을 내고 급식을 먹는 것이 과연 형평성에 어긋난다고 할 수 있을까? 형평성이란 국어사전을 찾아보면 형평을 이루는 성질을 말하잖아. 여기서 형평이란 균형이 맞음. 또는 그런 상태를 말하는 것이고. 그러니까 형평이란 다시 말하면…
> 영수 : 아, 그래 네가 무슨 말을 하려고 하는지 알겠어. 그런데 나는 어차피 무료급식을 할 거라면 전교생이 다 같이 무료급식을 했으면 좋겠다는 거야. 그래야 서로 불화도 생기지 않으니까. 그리고 누구는 무료로 먹고 누구는 돈을 내고 먹을 거라면 난 차라리 무료급식을 안 하는 것이 낫다고 생각해.

① 위 토론에서 철수는 주제에서 벗어난 말을 하고 있다.
② 영수는 상대방의 말을 자르고 자기주장만을 말하고 있다.
③ 영수는 자신의 주장이 뚜렷하지 않다.
④ 위 토론의 주제는 애매모호하므로 주제를 수정해야 한다.

현대 사회는 수없이 많은 광고로 가득 차 있지만, 소비자들이 봐 주는 광고만이 설득을 시도할 수 있으며, 궁극적으로 광고 목표를 달성할 수 있다. 소비자들이 본다는 것은 단지 수동적으로 광고에 노출된다는 것이 아니라 광고에 주목하고 광고의 의미를 이해하는 것을 말한다. 이를 설명하기 위해서는 우선 광고가 제시하는 자극이나 정보가 소비자들에게 어떻게 지각되는지를 살펴볼 필요가 있다.

광고의 자극이나 정보는 소비자의 감각 기관을 거쳐 지각된다. 그러나 자극이나 정보의 양이 많을 경우 소비자들이 이를 모두 지각할 수 없는데, 그 이유는 무엇일까? 이는 바로 소비자의 인지 능력의 한계 때문이다. 소비자들은 특별한 주의를 기울이지 않은 상태에서 다양한 자극을 접하게 되는데, 이 과정에서 자신에게 의미 있는 것에 대해서만 주의를 기울이게 된다. 이처럼 자극의 특정 대상이나 속성에 대해서만 주의를 기울이고 정보를 처리하는 것을 '선택적 지각'이라고 한다.

그렇다면 소비자들은 광고를 볼 때 어떤 자극에 주의를 기울일까? 소비자들이 자극을 선택하는 데는 자신의 이전 경험이 중요한 역할을 하게 된다. 이전에 보았던 것이나 알고 있는 것 등의 경험 세계가 지각 필터의 역할을 하기 때문에 소비자들은 자신이 이전에 경험한 것에 더 많은 주의를 기울이게 된다. 광고에서도 이를 이용하여 유명한 배우나 스포츠 스타 등을 내세우게 된다. 특히 슈퍼스타라고 할 정도로 매우 유명한 사람이나 소비자 자신이 무척 좋아하는 사람이라면 단순히 눈에 띄는 것에 그치지 않고 같이 제시되는 자극들도 함께 긍정적인 정보로 처리되기가 쉽다.

선택적 지각의 기준은 지각적 경계심과도 관련이 있다. 이는 욕구를 충족시키기 위해서 우리의 지각은 항상 깨어 있고, 주위를 탐색하고 있다는 가정이다. 이와 같은 가정 하에서 소비자는 여러 가지 자극들 가운데 자신의 현재 욕구와 관련된 자극을 더욱 잘 인식할 가능성이 높다. 또한 선택적 지각의 가능성을 높이기 위해서는 광고가 무작정 노출되어서는 안 되며, 표적이 되는 소비자들을 한정하여 그들이 접하기 쉬운 시간대에 적절한 매체 활용을 통해 적합한 메시지를 전달해야 한다.

한편 소비자들은 선택되어야 할 자극만이 아니라 거부해야 할 자극도 선별하는데, 이를 ㉠지각적 방어라고 한다. 예를 들어, 사회적으로 물의를 일으킨 연예인이 나오는 광고에 대해 소비자들은 의식적·무의식적으로 거부하는 반응을 보이는데, 이는 광고가 일방적으로 자신의 얘기를 해서는 안 되며, 시청자인 소비자가 원하는 내용으로 채워져야 한다는 것을 시사한다.

광고의 노출과 주목과 관련된 다른 설명 기제는 '순응'이다. 순응은 동일한 자극이 계속적으로 노출되면, 그 자극에 익숙해져 주목이 일어나지 않는 것을 의미한다. 따라서 자극의 순응을 극복하기 위해 차별과 대비의 방식이 사용되게 된다. 예를 들어, 예측 불가능한 패턴으로 이루어진 자극들은 여전히 주의를 끌 것이며, 크기와 색채의 차이를 통해 대비를 이루는 것은 순응을 극복하는 강력한 방법이 된다.

6. 윗글을 참고할 때, 〈보기〉의 광고 전략 기획 회의에 대해 보인 반응으로 적절하지 않은 것은?

〈보기〉

* 상품 : 공기 청정기
사원 1 : 이 제품은 가정에서 사용되는 제품입니다. 따라서 광고의 표적이 되는 소비자는 주부입니다. 주부에게 인지도가 높은 배우를 광고 모델로 쓰면 어떨까요?
사원 2 : 좋은 생각입니다. 기왕이면 주부들이 좋아하는 배우를 쓰는 것이 좋을 것 같아요. 그리고 이 제품은 봄철 황사 기간에 집중적으로 광고를 하는 것이 매출에 도움이 되리라 생각합니다.
사원 3 : 봄철에 집중하되, 그 광고 시간은 가족이 함께 TV를 볼 수 있는 시간이 좋지 않을까요? 가족 모두를 위한 제품이니까 가족 모두에게 필요성을 강조할 수 있어야 된다고 생각합니다.
사원 4 : 하나의 광고만을 집중적으로 제시하면 광고에 대한 반응이 유지되지 않을 수 있으니 두 가지 상황을 설정한 광고를 따로 만드는 것을 제안합니다.

① 봄철에 집중적으로 광고를 편성하는 것은 욕구 충족을 위한 지각적 경계심과 관련이 높겠군.
② 두 가지 상황을 설정한 광고를 따로 만드는 것은 자극의 순응을 극복하기 위한 방법이겠군.
③ 주부에게 인지도가 높은 배우를 모델로 쓰는 것은 그 배우를 본 경험이 지각 필터로 작용하기 때문이겠군.
④ 가족이 모두 모이는 저녁 시간에 광고를 편성하는 것은 인지 능력의 한계로 인한 선택적 지각을 극복하기 위해서겠군.

7. ㉠의 사례로 적절한 것은?

① 신문 지면을 통해 노트북의 첨단 기능을 광고했더니 소비자들이 주의를 기울이지 않았다.
② 담배를 즐겨 피는 사람은 담배가 인체에 미치는 영향을 보여 주는 광고를 보려 하지 않는다.
③ 광고 모델이 사막에서 땀 흘리는 장면을 배경으로 한 청량음료의 광고를 보고 그 음료가 먹고 싶어졌다.
④ 드라마 속의 주인공이 입고 있는 옷의 로고가 너무 작아서 소비자들이 그 옷을 제대로 인식하지 못했다

8. 다음 안내사항을 바르게 이해한 것은?

> 2015년 5월 1일부터 변경되는 "건강보험 임신·출산 진료비 지원제도"를 다음과 같이 알려드립니다.
> 건강보험 임신·출산 진료비 지원제도란 임신 및 출산에 관련한 진료비를 지불할 수 있는 이용권(국민행복카드)을 제공하여 출산 친화적 환경을 조성하기 위해 건강보험공단에서 지원하는 제도입니다.
> • 지원금액 : 임신 1회당 50만 원(다태아 임신부 70만 원)
> • 지원방법 : 지정요양기관에서 이용권 제시 후 결제
> • 지원기간 : 이용권 수령일~분만예정일+60일
> 가. 시행일 : 2015.5.1.
> 나. 주요내용
> (1) '15.5.1. 신청자부터 건강보험 임신·출산 진료비가 국민행복카드로 지원
> (2) 건강보험 임신·출산 진료비 지원 신청 장소 변경
> (3) 지원금 승인코드 일원화(의료기관, 한방기관 : 38코드)
> (4) 관련 서식 변경
> －변경서식 : 건강보험 임신·출산 진료비 지원 신청 및 확인서 (별지 2호 서식)
> －변경내용 : 카드구분 폐지

① 건강보험 임신·출산 진료비 지원제도는 연금공단에서 지원하는 제도이다.
② 임신지원금은 모두 동일하게 일괄 50만 원이 지급된다.
③ 지원금 승인코드는 의·한방기관 모두 '38'코드로 일원화된다.
④ 지원기간은 이용권 수령일로부터 분만예정일까지이며 신청자에 한해서 기간이 연장된다.

9. 밑줄 친 부분 중 잘못 발음된 것은?

> A : "이 약은 저희 회사의 회심의 걸작으로 피부를 ㉠늙게[늘께] 하지 않습니다."
> B : "진짜 그 약만 바르면 피부가 ㉡늙지[늘찌] 않아요? 에이, 그런 게 어디 있어?"
> A : "어허 안 믿으시네. 여기 있지요, 여기 있어요. 이 약을 바르면 피부가 ㉢늙거나[늘꺼나] 축 처지지 않아요."
> B : "에이, 이 사람아, 젊은 사람이 어디서 거짓말을 하고 있어! 이미 내가 써 봤는데 이렇게 피부가 축 처졌잖아. 이거 어떻게 보상할 거야?"
> A : "그건 고객님이 이미 늙어서 피부 또한 ㉣늙다보니[늑따보니] 약효가 안 받아서 그래요. 이 약은 피부가 아직 탱탱한 젊은 사람들이 발라야 해요."

① ㉠ ② ㉡
③ ㉢ ④ ㉣

│10~11│ 다음 글을 읽고 물음에 답하시오.

> 여 : 오늘 신문 봤어? '리더는 성과로 말한다'라는 특집 기사가 났더라. 역시 뛰어난 리더가 되려면 성과가 중요한 것 같아.
> 남 : 당연히 성과도 중요하지. 하지만 성과를 이루는 과정에서 구성원들을 존중하는 것도 중요해.
> 여 : 그게 무슨 말이야?
> 남 : 너도 알다시피, 연극 경연 대회에서 우리 동아리가 좋은 성과를 거두긴 했지만, 연습하면서 마음에 상처를 입은 단원들이 한둘이 아니었어. 결국 그만둔 단원도 있었잖아. 우리 동아리 회장이 진정으로 뛰어난 리더였다면, 단원들의 의견도 존중해서 자발적으로 동참하도록 만들었을 거야.
> 여 : 글쎄……. 나는 좋은 성과를 위해서는 어느 정도의 희생은 불가피하다고 생각해. 덕분에 역대 어느 회장도 이룩하지 못한 성과를 낼 수 있어서, 우리 모두 기뻐했잖아. 그런데 합창반을 봐. 단원들 의견을 일일이 듣다가 의견 일치를 보지 못해서 지역 대회에 나가지도 못했어. 이런 합창반 반장을 뛰어난 리더라고 볼 수는 없을 것 같아.
> 남 : 그것은 합창반 반장이 처음부터 합리적으로 계획을 세우지 못했기 때문이야. 좋은 성과를 얻기 위해서는 계획을 잘 세워야 해. 그리고 구성원들의 동참을 이끌어낼 수 있는 방법도 찾아야 하고.
> 여 : 단원들이 연습 과정에서 불만이 생긴다면 나중에 적절하게 보상하면 되잖아!
> 남 : 아니지, 그러면 일을 추진하는 과정에서 생겨나는 모든 문제, 심지어는 부당한 요구조차 정당화될 수 있어.
> 여 : 너의 말은 합리적으로 계획을 세우고 구성원들의 자발적 참여를 이끌어 낸다면 뛰어난 리더가 될 수 있다는 거야?
> 남 : 그뿐 아니라 뛰어난 리더는 리더 자신보다도 단체를 우선적으로 생각할 수 있어야 해. 단체를 우선적으로 생각할 수 있는 리더라야, 헌신하고 봉사하는 리더도 될 수 있거든.

10. 남학생이 '뛰어난 리더'의 조건으로 인정하는 내용만을 〈보기〉에서 있는 대로 고른 것은?

> 〈보기〉
> ㉠ 무엇보다 성과에 초점을 둔다.
> ㉡ 구성원의 의견을 존중하여 자발적 동참을 이끌어 낸다.
> ㉢ 성과의 기여도에 따라 구성원들에게 적절한 보상을 한다.
> ㉣ 합리적으로 계획을 세운다.

① ㉠㉡ ② ㉠㉣
③ ㉡㉢ ④ ㉡㉣

11. 여학생의 말하기 방식으로 가장 적절한 것은?

① 상대방의 주장에 동의하며, 상대방과 다르게 생각하는 부분에 대해 말하고 있다.
② 실제의 사례를 바탕으로 자신의 주장을 내세우고 있다.
③ 객관적인 자료를 사용하여 자신의 주장을 강화하고 있다.
④ 상대방의 주장을 수용하여 자신의 주장을 수정하고 있다.

12. 다음 중 빈칸 ㉠~㉢에 들어갈 단어가 모두 바르게 연결된 것은?

물품 구입 (㉠)

품명	간담회 초청장 및 교재 등	결재	담당	팀장	사무차장	사무국장	부본부장	본부장
용도	간담회 안내 및 강연 자료			전결				
납품기일	2016년 2월 1일	합의	감사실장	총무과장	의견			
계정과목	공공부문 지도교육비 및 수시사업비			╱				
구입금액	금이백오만사백원정	₩2,050,400 —						
구입처	상 호 : 다나와 인쇄사 소 재 지 : 서울 종로구 △△동 100-10 대표자명 : 홍길동 전 화 : 700-1212							

내역

No.	품명	규격	㉡	수량	㉢	금액	비고
1	간담회 초청장		부	6,000	200	1,200,000	
2	간담회 교재		부	300	880	264,000	
3	초청장 발송 작업					400,000	
4	부가세					186,400	
	합계					₩ 2,050,400	

위와 같이 구입코자 하오니 결재 바랍니다.

2016. 1. 1.

담당자 김 철 수 ㉑

	㉠	㉡	㉢
①	품의서	단가	단위
②	품의서	단위	단가
③	보고서	단가	수치
④	보고서	수치	단위

13. 다음 중 ㉠의 구체적인 사례로 가장 적절한 것은?

우리가 언어라는 유리창을 통해 세상을 바라본다면, 언어와 사고가 밀접한 관련을 맺는다는 것, 언어는 사유에 뒤따르는 단순 표현 과정이 아니라 사고 과정 자체에 작용하는 것이라는 생각에는 별 이의가 없을 것이다. 그렇다면 구체적으로 언어는 사고 과정에 어떤 영향을 미칠까?

우선, 언어는 대상을 인지하는 데, 특히 세계를 분절하여 인식하는 데 영향을 미친다. 무지개의 색깔에 대한 인식이 나라마다 조금씩 다르다는 사실은 이러한 언어 작용을 잘 보여주는 예이다. 잘 알려진 바와 같이 언어에 따라 무지개의 색을 일컫는 말에는 조금씩 차이가 있다. 어떤 언어에서는 다섯 빛깔로, 어떤 언어에서는 일곱 빛깔로 나누어 부른다. 이 경우 확실한 것은 실제로 어떠하든 간에 '오색 무지개'에 익숙한 사람에게는 무지개가 다섯 빛깔로 보이고, '칠색 무지개'에 익숙한 사람에게는 무지개가 일곱 빛깔로 보인다는 점이다.

둘째, 언어는 사물을 해석하는 관점의 형성 과정에 많은 영향을 미친다. 예컨대, '잡초(雜草)'라는 단어에 대해 생각해 보자. 그것은 객관적으로 존재하는 것이 아니고, 다만 언어적 해석의 틀 속에서만 존재하는 것이다. 그러나 우리는 '잡초'라는 말에 익숙해져 있고, 그 결과 일정한 풀들을 '잡초'라는 독특한 관점에서 범주화하여 파악하는 것이다.

셋째, 언어는 인간의 감성 형성에 많은 영향을 미친다. 이런 면모는 비유적인 언어에서 특히 잘 드러난다. 예컨대, '어물전 망신은 꼴뚜기가 시킨다'는 속담이 있다. 꼴뚜기로서는 이처럼 억울한 일이 또 있겠는가? 아무튼 이런 비유적 표현을 흔히 접하다 보면, 우리는 은연중 좀 모자라거나 못난 동료를 보고 꼴뚜기를 연상하게 되고, 역으로 꼴뚜기를 보면 칠칠치 못한 동료를 연상하게도 된다. 이처럼 ㉠언어는 인간의 상상력을 일정한 방향으로 유도함으로써 인간의 감성 형성에도 적지 않은 영향을 미친다.

① '취업 전략'이란 말을 자주 접하면 '취업'을 '전쟁'이라 느끼게 된다.
② '12시 30분'이라고 하니까 시간을 불연속적인 것으로 생각하게 된다.
③ '직장인'이란 말 때문에 직장인이 실제로 존재한다고 생각하게 된다.
④ '새파란 가을 하늘'이라는 표현을 접하면 눈앞에 가을 하늘이 보이는 듯하다.

14. 다음 중 제시된 문장의 빈칸에 들어갈 단어로 알맞은 것은?

> • 정부는 저소득층을 위한 새로운 경제 정책을 (   )했다.
> • 불우이웃돕기를 통해 총 1억 원의 수익금이 (   )되었다.
> • 청소년기의 중요한 과업은 자아정체성을 (   )하는 것이다.

① 수립(樹立) – 정립(正立) – 확립(確立)
② 수립(樹立) – 적립(積立) – 확립(確立)
③ 확립(確立) – 적립(積立) – 수립(樹立)
④ 확립(確立) – 정립(正立) – 설립(設立)

15. 다음과 같은 상황에서 김 과장이 취할 행동으로 가장 바람직한 것은?

> 무역회사에 근무하는 김 과장은 아침부터 밀려드는 일에 정신이 없다. 오늘 독일의 고객사에서 보내온 주방용품 컨테이너 수취확인서를 보내야하고, 운송장을 작성해야 하는 일이 꼬여버려 국제전화로 걸려오는 수취확인 문의전화와 다른 고객사의 클레임을 받느라 전화도 불이 난다. 어제 오후 퇴근하기 전에 자리를 비운 박 대리에게 운송장을 영문으로 작성해서 오전 중에 메일로 보내줄 것을 지시한 메모를 잘 보이도록 책상 모니터에 붙여두고 갔는데 점심시간이 다 되도록 박 대리에게 메일을 받지 못했다.

① 박 대리가 점심 먹으러 나간 사이 다시 메모를 남겨놓는다.
② 바쁜 사람 여러 번 이야기하게 한다고 박 대리를 다그친다.
③ 바쁜 시간을 쪼개어 스스로 영문 운송장을 작성한다.
④ 메모를 못 본 것일 수 있으니 다시 한 번 업무를 지시한다.

16. 다음은 상사와 부하 직원 간의 대화이다. 다음 대화 후 김 대리가 가장 먼저 해야 처리해야 하는 것으로 적절한 것은?

> 이 팀장 : 내일 있을 임원회의 준비를 우리 팀에서 맡아 진행하기로 했습니다. 박 대리는 내일 지방 공장에 다녀와야 할 일이 있으니 김 대리가 꼼꼼하게 체크 좀 해줘요.
>
> 김 대리 : 네 팀장님. 구체적으로 무엇을 준비하면 될까요?
>
> 이 팀장 : 일단 이번 회의에서 박 본부장님께서 발표하실 자료를 준비해야하니 비서실에 바로 연락해서 회의 자료 받고 참여하는 임원님들 수에 맞춰서 복사해두도록 하세요. 그리고 회의 때 마실 음료수도 준비해두고. 아, 당일 날 회의실에 프로젝터와 마이크설비가 제대로 작동하는지도 확인해보는 게 좋겠군. 난 오늘 좀 일찍 퇴근해야 하니 오늘 업무보고는 내일 오후에 듣도록 하겠습니다.

① 업무보고서를 쓴다.
② 회의실을 점검한다.
③ 비서실에 연락을 취한다.
④ 서류를 복사한다.

17. A와 B 두 사람이 강남 최고의 레스토랑에 가서 한 사람당 20만 원 하는 최고급 바닷가재 요리를 주문하였다. 그런데 절반쯤 먹고 나자 느끼하고 배가 너무 불렀다. B는 이미 돈을 다 지불하였으니 다 먹자고 한다. 다음의 글을 읽고 온 A가 선택할 행동으로 가장 적절한 것은?

> 만약 영화관에서 영화가 재미없다면 중간에 나오는 것이 경제적일까, 아니면 끝까지 보는 것이 경제적일까? 아마 지불한 영화 관람료가 아깝다고 생각한 사람은 영화가 재미없어도 끝까지 보고 나올 것이다. 과연 그러한 행동이 합리적일까? 영화관에 남아서 영화를 계속 보는 것은 영화관에 남아 있으면서 기회비용을 포기하는 것이다. 이 기회비용은 영화관에서 나온다면 할 수 있는 일들의 가치와 동일하다. 영화관에서 나온다면 할 수 있는 유용하고 즐거운 일들은 얼마든지 있으므로, 영화를 계속 보면서 치르는 기회비용은 매우 크다고 할 수 있다. 결국 영화관에 남아서 재미없는 영화를 계속 보는 행위는 더 큰 기회와 잠재적인 이익을 포기하는 것이므로 합리적인 경제 행위라고 할 수 없다.
>
> 경제 행위의 의사 결정에서 중요한 것은 과거의 매몰비용이 아니라 현재와 미래의 선택기회를 반영하는 기회비용이다. 매몰비용이 발생하지 않도록 신중해야 한다는 교훈은 의미가 있지만 이미 발생한 매몰비용, 곧 돌이킬 수 없는 과거의 일에 얽매이는 것은 어리석은 짓이다. 과거는 과거일 뿐이다. 지금 얼마를 손해 보았는지가 중요한 것이 아니라, 지금 또는 앞으로 얼마나 이익을 또는 손해를 보게 될지가 중요한 것이다. 매몰비용은 과감하게 잊어버리고, 현재와 미래를 위한 삶을 살 필요가 있다. 경제적인 삶이란, 실패한 과거에 연연하지 않고 현재를 합리적으로 사는 것이기 때문이다.

① 손해를 막기 위하여 억지로라도 다 먹어야 한다.

② 기회비용 차원에서 돈을 지불했으므로 포장을 해서 집에 가져가도록 한다.

③ 이미 계산이 끝난 것이므로 그냥 나오도록 한다.

④ 소화제를 복용하면 되므로 억지로라도 다 먹는 것이 경제적으로 유리하다.

18. 다음은 국민건강보험공단 임직원 윤리 및 행동강령의 일부이다. 이를 바르게 이해한 것은?

> **국민건강보험공단 임직원 윤리 및 행동강령**(개정 2016.3.24, 규정 제117-10호)
>
> **제1장 총칙**
>
> **제1조(목적)**
> 이 규정은 국민건강보험공단 임직원이 지켜야 할 윤리기준 및 「부패방지 및 국민권익위원회의 설치와 운영에 관한 법률」 제8조에 따른 행동강령을 정함으로써 부패방지 및 깨끗한 공직풍토를 조성함을 목적으로 한다.
>
> **제2조(적용범위)**
> 이 규정은 국민건강보험공단(이하 "공단"이라 한다)의 모든 임직원(「정관」 제62조 및 제70조에 따라 공단이 운영하는 의료시설 및 장기요양기관에 근무하는 직원을 제외하며, 비정규직 직원을 포함한다. 이하 같다)에게 적용한다. <개정 2016.3.24. >
>
> **제3조(서약서의 제출)**
> 공단의 이사장(이하 "이사장"이라 한다)은 부패방지 및 깨끗한 공직풍토 조성과 이 규정의 준수를 담보하기 위하여 임직원에 대하여 청렴서약서 또는 행동강령준수서약서를 작성하여 제16조제1항에 따른 행동강령책임관에게 제출하게 할 수 있다.
>
> **제4조(윤리헌장)**
> 이사장은 임직원이 지켜야 할 윤리적 가치판단과 행동기준이 되는 별지의 윤리헌장을 공단 각 사무실에 게시하여 전 직원이 항상 실천할 수 있도록 하여야 한다. <개정 2013.10.31. >
>
> **제5조(윤리위원회의 구성·운영 등)**
> ① 이 규정의 개폐 및 해석에 관한 사항, 제3장에 따른 행동강령의 이행에 필요한 사항 등 이 규정을 운영하는 것과 관련한 주요 사항을 심의·의결하기 위하여 공단에 윤리위원회를 둔다.
> ② 윤리위원회의 심의·의결사항, 구성, 운영 등에 필요한 사항은 규칙으로 정한다.

① 위의 행동강령은 공단이 운영하는 의료시설 근무 직원을 포함하여 공단의 모든 임직원에게 적용된다.

② 이사장은 윤리헌장을 공단 각 사무실에 게시하여 전 직원이 실천할 수 있도록 하여야 한다.

③ 윤리위원회는 위의 행동강령을 운영하는 것과 관련된 주요 사항을 법적으로 판단한다.

④ 임직원들은 청렴서약서 또는 행동강령준수서약서를 공단의 이사장에게 제출한다.

19. 다음은 어느 회사의 고객에게 보내는 신년사의 내용이다. 한 자로 바꾸어 쓴 것으로 옳지 않은 것은?

새해 복(福) 많이 받으세요!

안녕하십니까? (주)서원입니다.

2016년 <u>병신년</u>을 맞아 지면을 통해 인사드립니다.

어려운 경제 여건하에서도 저희 (주)서원을 찾아주셔서 감사드리며, 2016년 한해 또한 (주)서원을 아껴주시고 많은 지도편달을 부탁드립니다.

저희 (주)서원 임직원은 새해에도 고객만족을 실현하기 위하여 <u>최선</u>을 다하도록 <u>노력</u>하겠습니다.

2016년 한해 고객 여러분들이 원하고 계획하시는 일 모두 다 <u>성취</u>하시기를 바랍니다.

감사합니다.

(주)서원 임직원 일동

---

① 병신년 － 丙申年 　　② 최선 － 次善

③ 노력 － 努力 　　④ 성취 － 成就

20. 다음은 H전자기기매장의 판매원과 고객 간의 대화이다. 빈칸에 들어갈 말로 가장 적절한 것은?

고객 : 이번에 H전자에서 새로 나온 노트북을 좀 보고 싶어서 왔는데요.

판매원 : A기종과 B기종이 있는데, 어떤 모델을 찾으시나요?

고객 : 국내 최경량으로 나온 거라고 하던데, 모델명은 잘 모르겠고요.

판매원 : 아, B기종을 찾으시는군요. 죄송하지만 지금 그 모델은 _____(가)_____.

고객 : 그렇습니까? 그럼 A기종과 B기종의 차이를 좀 설명해주시겠어요?

판매원 : A기종은 B기종보다 조금 무겁긴 하지만 디자인 업무를 하는 사람들을 위한 여러 가지 기능이 더 _____(나)_____.

고객 : 흠, 그럼 B기종은 언제쯤 매장에서 볼 수 있을까요?

판매원 : 어제 요청을 해두었으니 3일정도 후에 매장에 들어올 겁니다. 연락처를 남겨주시면 제품이 들어오는 데로 _____(다)_____.

	(가)	(나)	(다)
①	품절되었습니다	탑재되셨습니다	연락주시겠습니다
②	품절되었습니다	탑재되었습니다	연락드리겠습니다
③	품절되셨습니다	탑재되셨습니다	연락드리겠습니다
④	품절되셨습니다	탑재되었습니다	연락주시겠습니다

21. 다음 빈칸에 들어갈 알맞은 수는?

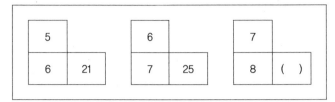

① 27 　　② 28

③ 29 　　④ 30

22. 어떤 일을 A가 혼자하면 6일, B가 혼자하면 12일 걸린다. A와 B가 함께 동시에 일을 시작했지만 A가 중간에 쉬어서 일을 끝마치는데 8일이 걸렸다고 한다. 이 때 A가 쉬었던 기간은?

① 3일 　　② 4일

③ 5일 　　④ 6일

23. 정육면체의 한 변의 길이가 각각 20%, 50%, 80%씩 짧아진다고 할 때 부피는 몇 % 감소하는가?

① 50 　　② 72

③ 80 　　④ 92

24. 다이어트 중인 수진이는 품목별 가격과 칼로리, 오늘의 행사 제품 여부에 따라 물건을 구입하려고 한다. 예산이 10,000원이라고 할 때, 칼로리의 합이 가장 높은 조합은?

〈품목별 가격과 칼로리〉

품목	피자	돈가스	도넛	콜라	아이스크림
가격 (원/개)	2,500	4,000	1,000	500	2,000
칼로리 (kcal/개)	600	650	250	150	350

〈오늘의 행사〉

- 행사 1 : 피자 두 개 한 묶음을 사면 콜라 한 캔이 덤으로!
- 행사 2 : 돈가스 두 개 한 묶음을 사면 돈가스 하나가 덤으로!
- 행사 3 : 아이스크림 두 개 한 묶음을 사면 아이스크림 하나가 덤으로!

※ 단, 행사는 품목당 한 묶음까지만 적용됩니다.

① 피자 2개, 아이스크림 2개, 도넛 1개

② 돈가스 2개, 피자 1개, 콜라 1개

③ 아이스크림 2개, 도넛 6개

④ 돈가스 2개, 도넛 2개

25. 다음은 2015년과 2018년 한국, 중국, 일본의 재화 수출액 및 수입액을 정리한 표와 무역수지와 무역특화지수에 대한 용어정리이다. 이에 대한 〈보기〉의 내용 중 옳은 것만 고른 것은?

(단위 : 억 달러)

연도	재화	한국 수출액	한국 수입액	중국 수출액	중국 수입액	일본 수출액	일본 수입액
2015년	원자재	578	832	741	1,122	905	1,707
	소비재	117	104	796	138	305	847
	자본재	1,028	668	955	991	3,583	1,243
2018년	원자재	2,015	3,232	5,954	9,172	2,089	4,760
	소비재	138	375	4,083	2,119	521	1,362
	자본재	3,444	1,549	12,054	8,209	4,541	2,209

[용어정리]

- 무역수지＝수출액－수입액
- 무역수지 값이 양(+)이면 흑자, 음(−)이면 적자이다.

- 무역특화지수＝$\dfrac{수출액 － 수입액}{수출액 ＋ 수입액}$
- 무역특화지수의 값이 클수록 수출경쟁력이 높다.

〈보기〉

㉠ 2018년 한국, 중국, 일본 각각에서 원자재 무역수지는 적자이다.

㉡ 2018년 한국의 원자재, 소비재, 자본재 수출액은 2015년에 비해 각각 50% 이상 증가하였다.

㉢ 2018년 자본재 수출경쟁력은 일본이 한국보다 높다.

① ㉠

② ㉡

③ ㉠㉡

④ ㉠㉢

▌26~28 ▌ 다음은 고령자 고용동향에 관한 표이다. 다음 표를 보고 물음에 답하시오.

					(단위 : 천 명, %)
	2011	2012	2013	2014	2015
생산가능인구 (15~64세)	35,428	35,652	35,951	36,107	36,377
고령생산가능 인구비중	15.1	15.7	16.4	17.1	18.1
고령자경제활 동참가율	63.7	64.7	65.7	67.3	68.9
고령자고용률	62.1	63.1	64.3	65.6	66.8
고령자실업률	2.5	2.5	2.1	2.5	3

※ 고령자 대상 : 55세 ~ 64세(OECD기준)

※ 고령생산가능인구비중 = 15세 이상 생산가능인구 중 고령생산가능인구(55세 ~ 64세)가 차지하는 비율

※ 경제활동참가율 = 경제활동인구/생산가능인구

※ 고용률 = 취업자/생산가능인구

※ 실업률 = 실업자/경제활동인구

※ 취업률 = 취업자/경제활동인구

26. 다음 중 옳은 것은?

① 2011년과 2012년에 고령자 실업률이 동일하므로 고령자 실업자 수도 동일하다.

② 고령생산가능인구 수는 해마다 증가하고 있다.

③ 표에서 제시하는 고령자 고용동향은 모든 영역에서 해마다 수치가 증가하고 있다.

④ 고령생산가능인구비중은 고령자경제활동인구/고령생산가능인구로 나타낸다.

27. 2013년의 고령생산가능인구는 몇 명인가?

① 5,895,664명
② 5,895,764명
③ 5,895,864명
④ 5,895,964명

28. 2014년의 고용률이 60.2%라고 할 때, 2014년의 취업자 수는 몇 명인가?

① 21,736,404명
② 21,736,414명
③ 21,736,424명
④ 21,736,434명

29. 다음 통계표(단위 : %)는 가사분담 실태를 나타낸 것이다. 표에 대한 설명으로 옳은 것은?

구분	부인 주도	부인 전적	부인 주로	공평 분담	남편 주도	남편 주로	남편 전적
15~29세	40.2	12.6	27.6	17.1	1.3	0.9	0.3
30~39세	49.1	11.8	27.3	9.4	1.2	1.1	0.1
40~49세	48.8	15.2	23.5	9.1	1.9	1.6	0.3
50~59세	47.0	17.6	20.4	10.6	2.0	2.2	0.2
60~64세	47.2	18.2	18.3	9.3	3.5	2.3	1.2
65세 이상	47.2	11.2	25.2	9.2	3.6	2.2	1.4

구분	부인 주도	부인 전적	부인 주로	공평 분담	남편 주도	남편 주로	남편 전적
맞벌이	55.9	14.3	21.5	5.2	1.9	1.0	0.2
비맞벌이	59.1	12.2	20.9	4.8	2.1	0.6	0.3

① 맞벌이 부부가 공평하게 가사 분담하는 비율이 부인이 주로 가사 담당하는 비율보다 높다.

② 비맞벌이 부부는 가사를 부인이 주도하는 경우가 가장 높은 비율을 차지하고 있다.

③ 60~64세는 비맞벌이 부부가 대부분이기 때문에 부인이 가사를 주도하는 경우가 많다.

④ 대체로 부인이 가사를 전적으로 담당하는 경우가 가장 높은 비율을 차지하고 있다.

30. 다음은 기혼 여성의 출생아 수 현황에 대한 표이다. 이에 대한 분석으로 옳은 것은?

(단위 : %)

구분		출생아 수						계
		0명	1명	2명	3명	4명	5명 이상	
전체		6.4	15.6	43.8	16.2	7.0	11.0	100
지역	농촌	5.0	10.5	30.3	17.9	13.0	23.3	100
	도시	6.8	17.1	47.5	15.7	6.4	6.5	100
연령	20~29세	36.3	40.6	20.9	1.7	0.5	0.0	100
	30~39세	7.8	23.8	58.6	9.1	0.6	0.1	100
	40~49세	3.2	15.6	65.4	13.6	1.8	0.4	100
	50세 이상	4.0	6.1	11.2	19.9	21.4	37.4	100

① 농촌 지역의 출생아 수가 도시 지역보다 많다.

② 50세 이상에서는 대부분 5명 이상을 출산하였다.

③ 자녀를 출산하지 않은 여성의 수는 30대가 40대보다 많다.

④ 3명 이상을 출산한 여성이 1명 이하를 출산한 여성보다 많다.

31. 다음 표는 1990년부터 2002년 사이의 연도별 생활보호 및 국민 기초생활 보장 대상자에 대한 분석을 한 것이다. 표에 대한 분석으로 옳은 것끼리 묶인 것은?

연도	전체 대상자(A)	65세 이상 대상자(B)	B/A(%)	A/전체인구	B/65세 이상 인구
1990	2,119,000	306,000	14.5	4.9	15.1
1991	2,472,000	328,000	13.3	5.7	14.8
1992	2,053,000	323,000	15.7	4.7	14.1
1993	1,784,000	317,000	17.8	4.0	13.4
1994	1,481,000	278,000	18.8	3.3	11.8
1995	1,499,000	250,000	16.7	3.3	9.8
1996	1,506,000	256,000	19.3	3.3	9.2
1997	1,414,000	251,000	18.8	3.1	9.6
1998	1,175,000	262,000	22.3	2.5	8.6
1999	1,745,000	435,000	24.9	3.7	13.6
2000	1,300,000	249,000	19.1	2.7	7.4
2001	1,653,000	275,000	16.7	3.5	7.8
2002	1,550,000	308,000	19.9	3.3	8.2

> ㉠ 해당 기간 중에서 생활보호 및 국민 기초생활 보장 대상자 1인당 국민수는 대체로 증가하고 있다.
> ㉡ 65세 이상 대상자 1인당 전체 대상자수는 1991년이 가장 적다.
> ㉢ 65세 이상 인구는 1997년보다 1996년이 더 많았다.
> ㉣ 전체 대상자수와 65세 이상 대상자수는 매년 같은 방향으로 증감을 보이고 있다.

① ㉠㉣
② ㉠㉢
③ ㉢㉣
④ ㉡㉢

32. 다음은 직장가입자 보수월액보험료에 대한 설명이다. 미림이의 보수월액이 300만 원 이라고 할 때, 다음 중 옳지 않은 것은?(단, 보험료 산정 시점은 2016년 9월이다)

> **직장가입자 보수월액보험료**
>
> ㉠ 보험료 산정방법
> - 건강보험료 = 보수월액 × 건강보험료율
>   - ※ 보수월액은 동일사업장에서 당해연도에 지급받은 보수총액을 근무월수로 나눈 금액을 의미
> - 장기요양보험료 = 건강보험료 × 장기요양보험료율
>
> ㉡ 연도별 보험료율
>
> | 적용기간 | 건강보험료율 | 장기요양보험료율 |
> |------|------|------|
> | 2013.1 ~ 2013.12 | 5.89% | 6.55% |
> | 2014.1 ~ 2014.12 | 5.99% | 6.55% |
> | 2015.1 ~ 2015.12 | 6.07% | 6.55% |
> | 2016.1 ~ | 6.12% | 6.55% |
>
> ㉢ 보험료 부담비율
>
> | 구분 | 계 | 가입자부담 | 사용자부담 | 국가부담 |
> |------|------|------|------|------|
> | 근로자 | 6.12% | 3.06% | 3.06% | − |
> | 공무원 | 6.12% | 3.06% | − | 3.06% |
> | 사립학교 교원 | 6.12% | 3.06% | 1.836%(30%) | 1.224%(20%) |
>
> ㉣ 건강보험료 경감 종류 및 경감률
> - 국외근무자 경감 : 가입자 보험료의 50%(국내에 피부양자가 있는 경우)
> - 섬·벽지 경감 : 가입자 보험료액의 50%
> - 군인 경감 : 가입자 보험료액의 20%
> - 휴직자 경감 : 가입자 보험료액의 50% (다만, 육아휴직자는 60%)
> - 임의계속가입자 경감 : 가입자 보험료액의 50%
> - 종류가 중복될 경우 최대 경감률은 50%임(육아휴직자는 60%)
>
> ㉤ 건강보험료 면제 사유
> - 국외 체류(여행·업무 등으로 1월 이상 체류하고 국내 거주 피부양자가 없는 경우), 현역병 등으로 군 복무, 교도소 기타 이에 준하는 시설에 수용
>
> ㉥ 장기요양보험료 경감 사유 및 경감률
> - 등록장애인(1~2급), 희귀난치성질환자(6종) : 30%

① 미림이의 장기요양보험료는 약 12,000원이다.

② 미림이가 일반 근로자라면 사용자 부담 건강보험료 금액은 91,800원이다.

③ 미림이가 희귀난치성질환자라면 건강보험료는 약 8,400원이다.

④ 미림이가 육아휴직자라면 건강보험료는 약 73,400원이다.

┃33~34┃ 다음은 60대 인구의 여가활동 목적추이를 나타낸 표(단위 : %)이고, 그래프는 60대 인구의 여가활동 특성(단위 : %)에 관한 것이다. 자료를 보고 물음에 답하시오.

여가활동 목적	2006	2007	2008
개인의 즐거움	21	22	19
건강	26	31	31
스트레스 해소	11	7	8
마음의 안정과 휴식	15	15	13
시간 때우기	6	6	7
자기발전 자기계발	6	4	4
대인관계 교제	14	12	12
자아실현 자아만족	2	2	4
가족친목	0	0	1
정보습득	0	0	0

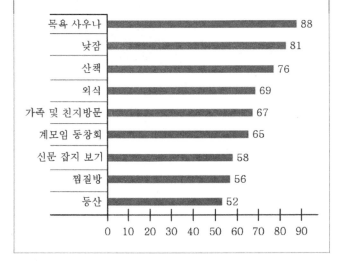

33. 위의 자료에 대한 설명으로 올바른 것은?

① 60대 인구 대부분은 스트레스 해소를 위해 목욕·사우나를 한다.

② 60대 인구가 가족 친목을 위해 여가시간을 보내는 비중은 정보습득을 위해 여가시간을 보내는 비중만큼이나 작다.

③ 60대 인구가 여가활동을 건강을 위해 보내는 추이가 점차 감소하고 있다.

④ 여가활동을 낮잠으로 보내는 비율이 60대 인구의 여가활동 가운데 가장 높다.

34. 60대 인구가 25만 명이라면 여가활동으로 등산을 하는 인구는 몇 명인가?

① 13만 명

② 15만 명

③ 16만 명

④ 17만 명

┃35~37┃ 〈표 1〉은 대학재학 이상 학력자의 3개월간 일반도서 구입량에 대한 표이고 〈표 2〉는 20대 이하 인구의 3개월간 일반도서 구입량에 대한 표이다. 물음에 답하시오.

〈표 1〉 대학재학 이상 학력자의 3개월간 일반도서 구입량

	2006년	2007년	2008년	2009년
사례 수	255	255	244	244
없음	41%	48%	44%	45%
1권	16%	10%	17%	18%
2권	12%	14%	13%	16%
3권	10%	6%	10%	8%
4~6권	13%	13%	13%	8%
7권 이상	8%	8%	3%	5%

〈표 2〉 20대 이하 인구의 3개월간 일반도서 구입량

	2006년	2007년	2008년	2009년
사례 수	491	545	494	481
없음	31%	43%	39%	46%
1권	15%	10%	19%	16%
2권	13%	16%	15%	17%
3권	14%	10%	10%	7%
4~6권	17%	12%	13%	9%
7권 이상	10%	8%	4%	5%

35. 2007년 20대 이하 인구의 3개월간 일반도서 구입량이 1권 이하인 사례는 몇 건인가? (소수 첫째 자리에서 반올림할 것)

① 268건

② 278건

③ 289건

④ 정답 없음

36. 2008년 대학재학 이상 학력자의 3개월간 일반도서 구입량이 7권 이상인 경우의 사례는 몇 건인가? (소수 둘째자리에서 반올림할 것)

① 7.3건

② 7.4건

③ 7.5건

④ 7.6건

37. 위 표에 대한 설명으로 옳지 않은 것은?

① 20대 이하 인구가 3개월간 1권 이상 구입한 일반도서량 은 해마다 증가하고 있다.

② 20대 이하 인구가 3개월간 일반도서를 7권 이상 읽은 비 중이 가장 낮다.

③ 대학재학 이상 학력자가 1권 이상 2권 이하로 일반도서를 구입 하는 양은 일정한 경향성이 없다.

④ 대학재학 이상 학력자가 3개월간 일반도서 1권 구입하는 것보다 한 번도 구입한 적이 없는 경우가 더 많다.

| 38~39 | 다음 표는 가구 월평균 교통비 지출액 및 지출 율에 관한 표이다. 다음 표를 보고 물음에 답하시오.

(단위 : 1,000원, %)

		2010	2011	2012	2013	2014	2015
월평균 교통비 (1,000원)	전체	271	295	302	308	334	322
	개인교통비	215	238	242	247	271	258
	대중교통비	56	57	60	61	63	63
교통비 지출율 (%)	전체	11.9	12.3	12.3	12.4	13.1	12.5
	개인교통비	9.4	9.9	9.8	10	10.6	10.1
	대중교통비	2.4	2.4	2.4	2.4	2.5	2.5

* 교통비 지출율 : 가구 월평균 소비지출 중 교통비가 차지하는 비율
* 개인교통비 : 자동차 구입비, 기타 운송기구(오토바이, 자전거 등) 구입비, 운송기구 유지 및 수리비(부품 및 관련용품, 유지 및 수리 비), 운송기구 연료비, 기타 개인교통서비스(운전교습비, 주차료, 통행료, 기타 개인교통) 등 포함
* 대중교통비 : 철도운송비, 육상운송비, 기타운송비(항공, 교통카드 이용, 기타 여객운송) 등 포함

38. 위의 표에 대한 설명으로 옳은 것은?

① 2010년 월평균 교통비에서 개인교통비는 80% 이상을 차 지한다.

② 2011년 월평균 교통비에서 대중교통비는 20% 이상을 차 지한다.

③ 2012년 월평균 교통비에서 개인교통비는 80% 이상을 차 지한다.

④ 전체교통비는 해마다 증가한다.

39. 2015년의 가구 월평균 소비지출은 얼마인가?

① 2,573,000 ② 2,574,000

③ 2,575,000 ④ 2,576,000

40. 다음 조사 결과를 바르게 분석한 것은?

① 질문 : 부모의 노후 생계를 누가 책임져야 한다고 생각하십 니까?

② 조사대상 : 15세 이상 인구 중 남녀 각각 3만 5천 명

③ 조사결과

(단위 : %)

연도		2002년				2006년			
조사 대상	응답 내용	가족	부모 스스로	가족 과 정부 공동	기타	가족	부모 스스로	가족 과 정부 공동	기타
성별	남자	72.6	9.2	16.8	1.4	65.6	7.1	25.2	2.1
	여자	68.9	10.0	19.5	1.6	61.3	8.4	27.6	2.7
소속 가구별	1세대 가구	70.0	13.7	14.9	1.4	65.3	11.4	20.7	2.6
	2세대 가구	70.1	8.8	19.6	1.5	62.6	6.7	28.5	2.2
	3세대 이상 가구	75.0	7.5	15.9	1.6	64.4	6.4	26.5	2.7

① 남자보다 여자가 부모의 노후를 책임지려는 의식이 강하다.

② 노후를 가족이 책임져야 한다고 보는 경향이 확산되고 있다.

③ 노후를 부모 스스로 해결해야 한다는 응답률의 감소폭은 남자가 여자보다 크다.

④ 노후를 부모 스스로 해결해야 한다고 보는 응답자의 비율 은 핵가족일수록 낮다.

도서출판 서원각에 근무하는 K씨는 고객으로부터 9급 건축직 공무원 추천도서를 요청받았다. K씨는 도서를 추천하기 위해 다음과 같은 9급 건축직 발행도서의 종류와 특성을 참고하였다.

K씨 : 감사합니다. 도서출판 서원각입니다.
고객 : 9급 공무원 건축직 관련 도서 추천을 좀 받고 싶습니다.
K씨 : 네, 어떤 종류의 도서를 원하십니까?
고객 : 저는 기본적으로 이론은 대학에서 전공을 했습니다. 그래서 많은 예상문제를 풀 수 있는 것이 좋습니다.
K씨 : 아. 문제가 많은 것이라면 딱 잘라서 말씀드리기가 어렵습니다.
고객 : 알아요. 그래도 적당히 가격도 그리 높지 않고 예상문제가 많이 들어 있는 것이면 됩니다.
K씨 : 네. 알겠습니다. 많은 예상문제풀이가 가능한 것 외에는 다른 필요한 사항은 없으십니까?
고객 : 가급적이면 20,000원 이하가 좋을 듯 합니다.

도서명	예상문제 문항 수	기출문제 수	이론 유무	가격
실력평가 모의고사	400	120	무	18,000
전공문제집	500	160	유	25,000
문제완성	600	40	무	20,000
합격선언	300	200	유	24,000

41. 다음 중 K씨가 고객의 요구에 맞는 도서를 추천해 주기 위해 가장 우선적으로 고려해야 하는 특성은 무엇인가?

① 기출문제 수
② 이론 유무
③ 가격
④ 예상문제 문항 수

42. 고객의 요구를 종합적으로 반영하였을 때 많은 문제와 가격을 맞춘 가장 적당한 도서는?

① 실력평가모의고사
② 전공문제집
③ 문제완성
④ 합격선언

43. 다음은 주식회사 서원각의 팀별 성과급 지급 기준이다. Y팀의 성과평가결과가 다음과 같다면 지급되는 성과급의 1년 총액은?

〈성과급 지급 방법〉
(가) 성과급 지급은 성과평가 결과와 연계함.
(나) 성과평가는 유용성, 안전성, 서비스 만족도의 총합으로 평가함. 단, 유용성, 안전성, 서비스 만족도의 가중치를 각각 0.4, 0.4, 0.2로 부여함.
(다) 성과평가 결과를 활용한 성과급 지급 기준

구분	1/4 분기	2/4 분기	3/4 분기	4/4 분기
유용성	8	8	10	8
안전성	8	6	8	8
서비스 만족도	6	8	10	8

성과평가 점수	성과평가 등급	분기별 성과급 지급액	비고
9.0 이상	A	100만 원	성과평가 등급이 A이면 직전분기 차감액의 50%를 가산하여 지급
8.0 이상 9.0 미만	B	90만 원 (10만 원 차감)	
7.0 이상 8.0 미만	C	80만 원 (20만 원 차감)	
7.0 미만	D	40만 원 (60만 원 차감)	

① 350만 원
② 360만 원
③ 370만 원
④ 380만 원

44. 다음은 이○○씨가 A지점에서 B지점을 거쳐 C지점으로 출근을 할 때 각 경로의 거리와 주행속도를 나타낸 것이다. 이○○씨가 오전 8시 정각에 A지점을 출발해서 B지점을 거쳐 C지점으로 갈 때, 이에 대한 설명 중 옳은 것을 고르면?

구간	경로	주행속도(km/h)		거리(km)
		출근 시간대	기타 시간대	
A→B	경로 1	30	45	30
	경로 2	60	90	
B→C	경로 3	40	60	40
	경로 4	80	120	

※ 출근 시간대는 오전 8시부터 오전 9시까지이며, 그 이외의 시간은 기타 시간대임.

① C지점에 가장 빨리 도착하는 시각은 오전 9시 10분이다.
② C지점에 가장 늦게 도착하는 시각은 오전 9시 20분이다.
③ B지점에 가장 빨리 도착하는 시각은 오전 8시 40분이다.
④ 경로 2와 경로 3을 이용하는 경우와, 경로 1과 경로 4를 이용하는 경우 C지점에 도착하는 시각은 동일하다.

45. 다음에 제시된 상황을 보고 온라인게시판에 올라와 있는 한 고객의 상담요청을 받은 K가 요청된 내용에 따라 계산한 보증료로 적합한 것은?

보증회사의 회계팀 사원인 K는 신용보증과 관련된 온라인 고객 상담 게시판을 담당하며 고객들의 문의사항을 해결하는 업무를 하고 있다.

◀보증심사등급기준표▶

CCRS기반	SBSS기반	보증료율
K5		1.1%
K6	SB1	1.2%
K7		1.3%
K8	SB2	1.4%
K9	SB3	1.5%

◀보증료율 운용체계▶

① 보증심사등급별 보증료율	• CCRS 적용기업(K5~K9) • SBSS 적용기업(SB1~SB3)	
② 가산요율	보증비율 미충족	0.2%p
	일부해지기준 미충족	0.4%p
	장기분할해지보증 해지 미이행	0.5%p
	기타	0.1%p~0.6%p
③ 차감요율	0.3%p	장애인 기업, 창업 초기기업
	0.2%p	녹색성장산업영위 기업, 혁신역량 전파기업, 고용창출 기업, 물가안정 모범업소
	0.1%p	혁신형 중소기업, 여성기업, 회계투명성 제고기업
	기타	경쟁력 향상, 창업 지원 프로그램 대상 협약보증
④ 조정요율	차감	최대 0.3%p

• 가산요율과 차감요율은 중복적용이 가능하며, 조정요율은 상한선 및 하한선을 넘는 경우에 대해 적용
• 최종 적용 보증료율 = ① + ② - ③ ± ④ = 0.5%(하한선)~2.0%(상한선) (단, 대기업의 상한선은 2.3%로 함)
※ 보증료 계산 : 보증금액×최종 적용 보증료율×보증기간/365

고객 상담 게시판
상담요청 : 보증료 관련 문의

안녕하세요.
저는 조그마한 회사를 운영하고 있는 자영업자입니다.
보증료 계산하는 것에 어려움이 있어 이렇게 질문을 남깁니다.
현재 저희 회사의 보증심사등급은 CCRS 기준 K6입니다.
그리고 보증비율은 미충족상태이며, 작년에 물가안정 모범업소로 지정되었습니다.
대기업은 아니고 다른 특이사항은 없습니다.
보증금액은 150억이고 보증기간은 73일로 요청 드립니다.

① 2,400만 원
② 2,700만 원
③ 3,200만 원
④ 3,600만 원

금융 관련 긴급상황 발생 행동요령

1. 신용카드 및 체크카드의 분실한 경우

   카드를 분실했을 경우 카드회사 고객센터에 분실신고를 하여야 한다.

   분실신고 접수일로부터 60일 전과 신고 이후에 발생한 부정 사용액에 대해서는 납부의무가 없다. 카드에 서명을 하지 않은 경우, 비밀번호를 남에게 알려준 경우, 카드를 남에게 빌려준 경우 등 카드 주인의 특별한 잘못이 있는 경우에는 보상을 하지 않는다.

   비밀번호가 필요한 거래(현금인출, 카드론, 전자상거래)의 경우 분실신고 전 발생한 제2자의 부정사용액에 대해서는 카드사가 책임을 지지 않는다. 그러나 저항할 수 없는 폭력이나 생명의 위협으로 비밀번호를 누설한 경우 등 카드회원의 과실이 없는 경우는 제외한다.

2. 다른 사람의 계좌에 잘못 송금한 경우

   본인의 거래은행에 잘못 송금한 사실을 먼저 알린다. 전화로 잘못 송금한 사실을 말하고 거래은행 영업점을 방문해 착오입금반환의뢰서를 작성하면 된다.

   수취인과 연락이 되지 않거나 돈을 되돌려 주길 거부하는 경우에는 부당이득반환소송 등 법적 조치를 취하면 된다.

3. 대출사기를 당한 경우

   대출사기를 당했거나 대출수수료를 요구할 땐 경찰서, 금융감독원에 전화로 신고를 하여야 한다. 아니면 금융감독원 홈페이지 참여마당 → 금융범죄/비리/기타신고 → 불법 사금융 개인정보 불법유통 및 불법 대출 중개수수료 피해신고 코너를 통해 신고하면 된다.

4. 신분증을 잃어버린 경우

   가까운 은행 영업점을 방문하여 개인정보 노출자 사고 예방 시스템에 등록을 한다. 신청인의 개인정보를 금융회사에 전파하여 신청인의 명의로 금융거래를 하면 금융회사가 본인 확인을 거쳐 2차 피해를 예방한다.

---

46. 만약 당신이 신용카드를 분실했을 경우 가장 먼저 취해야 할 행동으로 적절한 것은?

① 경찰서에 전화로 분실신고를 한다.

② 해당 카드회사에 전화로 분실신고를 한다.

③ 금융감독원에 분실신고를 한다.

④ 카드사에 전화를 걸어 카드를 해지한다.

47. 매사 모든 일에 철두철미하기로 유명한 당신이 보이스피싱에 걸려 대출사기를 당했다고 느껴질 경우 당신이 취할 수 있는 가장 적절한 행동은?

① 가까운 은행을 방문하여 개인정보 노출자 사고 예방 시스템에 등록을 한다.

② 해당 거래 은행에 송금 사실을 전화로 알린다.

③ 경찰서나 금융감독원에 전화로 신고를 한다.

④ 법원에 부당이득반환소송을 청구한다.

48. 실수로 다른 사람의 계좌에 잘못 송금을 할 경우 가장 적절한 대처방법은?

① 거래 은행에 잘못 송금한 사실을 알린다.

② 금융감독원에 전화로 신고를 한다.

③ 잘못 송금한 은행에 송금사실을 전화로 알린다.

④ 부당이득반환청구소송을 준비한다.

49. 다음 표는 우리나라 산업 분야별 시장 변화를 나타낸 것이다. ㈎~㈐의 대책으로 적절한 것만을 모두 고른 것은?

	시장 변화	대책
신발	건강 및 인체에 적합한 제품의 수요 증대	㈎
섬유	소비자의 소득 증대에 따른 다양한 기호 변화	㈏
식품	1인 가구 증가에 따른 식품 소비 유형 변화	㈐

ㄱ. ㈎는 첨단 소재를 활용한 고기능성 제품을 개발한다.

ㄴ. ㈏는 한 가지 제품을 대량 생산할 수 있도록 역량을 집중한다.

ㄷ. ㈐는 고객 소비 패턴에 맞도록 소포장 제품을 개발한다.

---

① ㄱ   ② ㄴ

③ ㄱㄷ   ④ ㄴㄷ

50. 다음과 같은 구조를 가진 어느 호텔에 A~H 8명이 투숙하고 있고, 알 수 있는 정보가 다음과 같다. B의 방이 204호일 때, D의 방은? (단, 한 방에는 한 명씩 투숙한다)

a라인	201	202	203	204	205
복도					
b라인	210	209	208	207	206

- 비어있는 방은 한 라인에 한 개씩 있고, A, B, F, H는 a라인에, C, D, E, G는 b라인에 투숙하고 있다.
- A와 C의 방은 복도를 사이에 두고 마주보고 있다.
- F의 방은 203호이고, 맞은 편 방은 비어있다.
- C의 오른쪽 옆방은 비어있고 그 옆방에는 E가 투숙하고 있다.
- B의 옆방은 비어있다.
- H와 D는 누구보다 멀리 떨어진 방에 투숙하고 있다.

① 202호 ② 205호
③ 206호 ④ 207호

51. 지하철 10호선은 총 6개의 주요 정거장을 경유한다. 주어진 조건이 다음과 같을 경우, C가 4번째 정거장일 때, E 바로 전의 정거장이 될 수 있는 것은?

- 지하철 10호선은 순환한다.
- 주요 정거장을 각각 A, B, C, D, E, F라고 한다.
- E는 3번째 정거장이다.
- B는 6번째 정거장이다.
- D는 F의 바로 전 정거장이다.
- C는 A의 바로 전 정거장이다.

① F ② E
③ D ④ A

52. 다음은 주식회사 서원각의 경영 개선 방안을 모색하기 위한 회의 내용이다. 이 회의 결과에 따라 강화해야 할 경영 부문 활동으로 가장 적절한 것은?

간부 A : 매출 부진을 해결하기 위한 방안은 어떤 것이 있을까요?
사원 B : 판매를 촉진하는 새로운 방법을 강구해야 합니다.
사원 C : 유통 경로를 변경하여 소비자에게 상품이 노출되는 빈도를 높여야 합니다.
간부 A : 그럼, 판매 촉진 방법을 강구하고 유통 경로 변경을 추진해 보세요.

① 생산 관리 활동
② 회계 관리 활동
③ 재무 관리 활동
④ 마케팅 관리 활동

53. G 음료회사는 신제품 출시를 위해 시제품 3개를 만들어 전직원을 대상으로 블라인드 테스트를 진행한 후 기획팀에서 회의를 하기로 했다. 독창성, 대중성, 개인선호도 세 가지 영역에 총 15점 만점으로 진행된 테스트 결과가 다음과 같을 때, 기획팀 직원들의 발언으로 옳지 않은 것은?

	독창성	대중성	개인선호도	총점
시제품 A	5	2	3	10
시제품 B	4	4	4	12
시제품 C	2	5	5	12

① 우리 회사의 핵심가치 중 하나가 창의성 아닙니까? 저는 독창성 점수가 높은 A를 출시해야 한다고 생각합니다.
② 독창성이 높아질수록 총점이 낮아지는 것을 보지 못하십니까? 저는 그 의견에 반대합니다.
③ 무엇보다 현 시점에서 회사의 재정상황을 타계하기 위해서는 대중성을 고려하여 높은 이율이 날 것으로 보이는 C를 출시해야 하지 않겠습니까?
④ 그럼 독창성과 대중성, 개인선호도를 모두 고려하여 B를 출시하는 것이 어떻겠습니까.

54. 환율 변동 예상 추이를 고려한 A 사장의 지시에 따라 업무 담당 임원이 추진해야 할 내용으로 적절한 것은? (단, 환율 변동만을 고려한다.)

A 사장은 자사 경제 연구소의 환율 변동 예상 추이를 보고 받고 이와 같은 환율 변동이 지속될 것으로 판단하여 현재 진행 중인 해외 사업에 대해 적절한 대응책을 마련하여 추진할 것을 지시하였다.

구분	현 시점	11월	12월
원 / 미국달러	1,100	1,200	1,250
원 / 100엔	1,200	1,150	1,100

① 일본에서 차입한 외채를 앞당겨 상환한다.

② 미국에 수출한 상품 대금 환전을 앞당긴다.

③ 계획 예정 중인 미국 연수는 일정을 늦춘다.

④ 투자가 예정된 미국 현지 공장의 구입 시기를 앞당긴다.

55. 다음 주어진 조건을 모두 고려했을 때 옳은 것은?

〈조건〉
• A, B, C, D, E의 월급은 각각 10만 원, 20만 원, 30만 원, 40만 원, 50만 원 중 하나이다.
• A의 월급은 C의 월급보다 많고, E의 월급보다는 적다.
• D의 월급은 B의 월급보다 많고, A의 월급도 B의 월급보다 많다.
• C의 월급은 B의 월급보다 많고, D의 월급보다는 적다.
• D는 가장 많은 월급을 받지는 않는다.

① 월급이 세 번째로 많은 사람은 A이다.

② E와 C의 월급은 20만 원 차이가 난다.

③ B와 E의 월급의 합은 A와 C의 월급의 합보다 많다.

④ 월급이 제일 많은 사람은 E이다.

56. 다음에 제시된 사실이 모두 참일 때 이를 통해 얻은 결론의 참, 거짓, 알 수 없음을 판단하면?

[사실]
• 모든 변호사는 논리적이다.
• 어떤 작가도 논리적이지 않다.
[결론]
A : 모든 변호사는 작가가 아니다.
B : 모든 작가는 변호사이다.

① A만 옳다.

② B만 옳다.

③ A와 B 모두 옳다.

④ A와 B 모두 그르다.

⑤ A와 B 모두 옳은지 그른지 알 수 없다.

57. 영식이는 자신의 업무에 필요하다고 생각하여 국제인재개발원에서 수강할 과목을 선택하려고 한다. 영식이가 선택할 과목에 대해 주변의 지인 A～E가 다음과 같이 진술하였는데 이 중 한 사람의 진술은 거짓이고 나머지 사람들의 진술은 모두 참인 것으로 밝혀졌다. 영식이가 반드시 수강할 과목만으로 바르게 짝지어진 것은?

A : 영어를 수강할 경우 중국어도 수강한다.
B : 영어를 수강하지 않을 경우, 일본어도 수강하지 않는다.
C : 영어와 중국어 중 적어도 하나를 수강한다.
D : 일본어를 수강할 경우에만 중국어를 수강한다.
E : 일본어를 수강하지만 영어는 수강하지 않는다.

① 일본어

② 영어

③ 일본어, 중국어

④ 일본어, 영어

58. A, B, C, D는 영업, 사무, 전산, 관리의 일을 각각 맡아서 하기로 하였다. A는 영업과 사무 분야의 업무를 싫어하고, B는 관리 업무를 싫어하며, C는 영업 분야 일을 하고 싶어하고, D는 전산 분야 일을 하고 싶어한다. 인사부에서 각자의 선호에 따라 일을 시킬 때 옳게 짝지은 것은?

① A – 관리

② B – 영업

③ C – 전산

④ D – 사무

59. 인구보건복지협회에 입사한 Y씨는 상사의 지시로 '우리나라의 영유아 보육 문제'에 관한 보고서를 쓰기 위해 다음과 같이 자료를 수집하였다. 이를 토대로 이끌어 낸 내용으로 적절하지 않은 것은?

(가) 통계 자료

1. 전체 영유아 보육 시설 현황

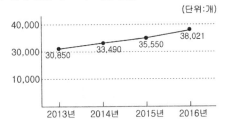
(단위:개)

2. 설립 주체별 영유아 보육 시설 비율
(단위:%)

	민간시설	국공립 시설	사회복지 법인시설
2013년	89.6	5.7	4.7
2014년	90.2	5.4	4.4
2015년	90.5	5.4	4.1
2016년	90.8	5.3	3.9

(나) 신문 기사

2016년 말 기준 전국 영유아 보육 시설 정원에 30만 6,898명의 여유가 있다. 그런데 많은 지역에서 부모들이 아이를 맡길 보육 시설을 찾지 못해 어려움을 겪고 있다. 지역에 따라 보육 시설이 편중되어 있으며, 특히 부모들이 선호하는 국공립이나 사회복지법인 보육 시설이 턱없이 부족하기 때문이다. 이로 인해 부모들은 비싼 민간 보육 시설에 아이들을 맡길 수밖에 없어 보육비 부담이 가중되고 있다.

─○○일보─

(다) 인터뷰 내용

• "일본은 정부나 지방자치단체의 지원과 감독을 받는 국공립 및 사회복지법인 보육 시설이 대부분입니다. 이런 보육 시설이 우리보다 10배나 많으며 우수한 교육 프로그램을 운영하여 보육에 대한 부모들의 만족도가 높습니다."

─○○대학교 교수 한○○─

• "보육 시설 안전사고가 매년 4,500여 건이나 발생한다고 들었습니다. 우리 아이가 다니는 보육 시설은 안전한지 늘 염려가 됩니다."

─학부모 이○○─

① (가)-1과 (나)를 활용하여, 전체적으로 보육 시설이 증가하고 있음에도 많은 학부모들이 아이를 맡길 보육 시설을 구하는 데 어려움을 겪고 있음을 문제점으로 지적한다.

② (가)-2와 (다)를 활용하여, 우리나라와 일본의 보육 시설 현황을 대비하여 민간 보육 시설이 대부분인 우리나라의 문제점을 부각한다.

③ (나)와 (다)를 활용하여, 국공립 및 사회복지법인 보육 시설의 교육 프로그램의 질 저하가 보육 시설에 대한 부모들의 불신을 키우는 주요 원인임을 밝힌다.

④ (가)-1과 (다)를 활용하여, 보육 시설이 지속적으로 증가하고 있는 만큼 보육 시설의 안전사고를 줄이기 위한 관리와 감독을 시급히 강화해야 한다고 제안한다.

60. 다음 세 문장 중 첫 번째 문장이 거짓이라고 할 때, 두 번째와 세 번째 문장은 참인가 거짓인가?

> 국회의 어느 공무원도 소설가가 아니다.
> 모든 소설가는 국회 공무원이다.
> 어떠한 소설가도 국회 공무원이 아니다.

① 두 번째 문장 - 거짓, 세 번째 문장 - 알 수 없음

② 두 번째 문장 - 거짓, 세 번째 문장 - 거짓

③ 두 번째 문장 - 알 수 없음, 세 번째 문장 - 거짓

④ 두 번째 문장 - 알 수 없음, 세 번째 문장 - 알 수 없음

61. 다음 중 「노인장기요양보험법」의 목적으로 옳은 것은?

① 국민의 질병·부상에 대한 예방·진단·치료·재활과 출산·사망 및 건강증진에 대하여 보험급여를 실시함으로써 국민보건 향상과 사회보장 증진에 이바지함을 목적으로 한다.

② 고령이나 노인성 질병 등의 사유로 일상생활을 혼자서 수행하기 어려운 노인등에게 제공하는 신체활동 또는 가사활동 지원 등의 장기요양급여에 관한 사항을 규정하여 노후의 건강증진 및 생활안정을 도모하고 그 가족의 부담을 덜어줌으로써 국민의 삶의 질을 향상하도록 함을 목적으로 한다.

③ 노인의 질환을 사전예방 또는 조기발견하고 질환상태에 따른 적절한 치료·요양으로 심신의 건강을 유지하고, 노후의 생활안정을 위하여 필요한 조치를 강구함으로써 노인의 보건복지증진에 기여함을 목적으로 한다.

④ 장애인·노인·임산부 등이 일상생활에서 안전하고 편리하게 시설과 설비를 이용하고 정보에 접근할 수 있도록 보장함으로써 이들의 사회활동 참여와 복지 증진에 이바지함을 목적으로 한다.

62. 장기요양기관에 소속되어 노인등의 신체활동 또는 가사활동 지원 등의 업무를 수행하는 자를 칭하는 용어는?

① 장기요양사　　　　　　② 장기요양인
③ 장기요양자　　　　　　④ 장기요양요원

63. 국가 및 지방자치단체에서 장기요양급여가 원활하게 제공될 수 있도록 적정한 수의 장기요양기관을 확충하고 장기요양기관의 설립을 지원하고자 할 때 고려해야 하는 사항이 바르게 짝지어진 것은?

① 노인인구, 경제활동인구
② 노인인구, 지역특성
③ 경제활동인구, 지역특성
④ 노인인구, 장기요양기관의 수

64. 장기요양기본계획은 몇 년 단위로 수립·시행하는가?

① 2년　　　　　　　　② 3년
③ 4년　　　　　　　　④ 5년

65. 보건복지부장관은 장기요양사업의 실태를 파악하기 위한 실태조사를 몇 년마다 실시하여야 하는가?

① 1년　　　　　　　　② 2년
③ 3년　　　　　　　　④ 4년

66. 장기요양보험료의 징수에 대한 설명으로 옳지 않은 것은?

① 공단은 장기요양사업에 사용되는 비용에 충당하기 위하여 장기요양보험료를 징수한다.

② 장기요양보험료는 「국민건강보험법」에 따른 보험료와 통합하여 징수한다.

③ 장기요양보험료는 건강보험료와 통합하여 고지하여야 한다.

④ 공단은 장기요양보험료와 건강보험료를 각각의 독립회계로 관리하여야 한다.

67. 장기요양보험료율은 무엇으로 정하는가?

① 법률　　　　　　　　② 대통령령
③ 보건복지부령　　　　④ 조례

68. 장기요양인정을 신청하는 자가 장기요양인정신청서와 함께 첨부하여 공단에 제출해야 하는 서류는?

① 병원진단서　　　　　② 의사소견서
③ 병원진료확인서　　　④ 통원확인서

69. 장기요양인정 신청의 조사에 대한 설명으로 옳지 않은 것은?

① 조사를 하는 경우 3명 이상의 소속 직원이 조사할 수 있도록 노력하여야 한다.

② 조사를 하는 자는 조사일시, 장소 및 조사를 담당하는 자의 인적사항 등을 미리 신청인에게 통보하여야 한다.

③ 조사를 의뢰받은 특별자치시·특별자치도·시·군·구는 조사를 완료한 때 조사결과서를 작성하여야 한다.

④ 조사를 의뢰받은 특별자치시·특별자치도·시·군·구는 지체 없이 공단에 조사결과서를 송부하여야 한다.

70. 다음은 등급판정 등에 대한 설명이다. 빈칸에 들어갈 내용으로 적절한 것은?

> 등급판정위원회는 신청인이 신청자격요건을 충족하고 ( ) 개월 이상 동안 혼자서 일상생활을 수행하기 어렵다고 인정하는 경우 심신상태 및 장기요양이 필요한 정도 등 대통령령으로 정하는 등급판정기준에 따라 수급자로 판정한다.

① 1 　　　　　　　　　② 2

③ 3 　　　　　　　　　④ 6

71. 장기요양인정서에 포함되어야 하는 내용이 아닌 것은?

① 장기요양등급

② 장기요양급여의 종류

③ 장기요양급여의 내용

④ 이용가능한 요양기관 목록

72. 장기요양인정의 유효기간은 최소 얼마인가?

① 6개월 이상

② 1년 이상

③ 1년 6개월 이상

④ 2년 이상

73. 장기요양급여를 받고자 하는 자 또는 수급자가 신체적·정신적인 사유로 이 법에 따른 장기요양인정의 신청, 장기요양인정의 갱신신청 또는 장기요양등급의 변경신청 등을 직접 수행할 수 없을 때에는 다른 사람이 이를 대리할 수 있다. 다음 중 대리인이 될 수 없는 사람은?

① 장기요양급여를 제공하고자 하는 요양기관의 장

② 장기요양급여를 받고자 하는 자 또는 수급자의 이해관계인

③ 특별자치시장·특별자치도지사·시장·군수·구청장이 지정하는 자

④ 「사회보장급여의 이용·제공 및 수급권자 발굴에 관한 법률」에 따른 사회복지전담공무원

74. 재가급여의 종류에 대한 설명이 잘못 연결된 것은?

① 방문요양 : 장기요양요원이 수급자의 가정 등을 방문하여 신체활동 및 가사활동 등을 지원하는 장기요양급여

② 방문간호 : 수급자를 하루 중 일정한 시간 동안 장기요양기관에 보호하여 신체활동 지원 및 심신기능의 유지·향상을 위한 교육·훈련 등을 제공하는 장기요양급여

③ 방문목욕 : 장기요양요원이 목욕설비를 갖춘 장비를 이용하여 수급자의 가정 등을 방문하여 목욕을 제공하는 장기요양급여

④ 단기보호 : 수급자를 보건복지부령으로 정하는 범위 안에서 일정 기간 동안 장기요양기관에 보호하여 신체활동 지원 및 심신기능의 유지·향상을 위한 교육·훈련 등을 제공하는 장기요양급여

75. 다음 설명에 해당하는 것은?

> 공단은 수급자가 장기요양기관이 아닌 노인요양시설 등의 기관 또는 시설에서 재가급여 또는 시설급여에 상당한 장기요양급여를 받은 경우 대통령령으로 정하는 기준에 따라 해당 장기요양급여비용의 일부를 해당 수급자에게 지급할 수 있다.

① 가족요양비

② 특례요양비

③ 요양병원간병비

④ 장기요양시설비

76. 급여외행위로 보기 가장 어려운 것은?

① 수급자와 수급자 가족을 위한 행위

② 수급자의 가족만을 위한 행위

③ 수급자 또는 그 가족의 생업을 지원하는 행위

④ 수급자의 일상생활에 지장이 없는 행위

77. 특별자치시장·특별자치도지사·시장·군수·구청장이 장기요양기관을 지정하려는 경우에 검토해야 하는 사항이 아닌 것은?

① 장기요양기관을 운영하려는 자의 장기요양급여 제공 이력

② 장기요양기관을 운영하려는 자가 장기요양기관의 운영과 관련된 법에 따라 받은 행정처분의 내용

③ 장기요양기관의 운영 계획

④ 장기요양기관의 지정절차

78. 장기요양기관 지정의 유효기간은 지정을 받은 날부터 몇 년인가?

① 3년   ② 4년

③ 5년   ④ 6년

79. 장기요양기관의 장이 폐업하거나 휴업하고자 하는 경우 폐업이나 휴업 예정일 전 며칠까지 신고하여야 하는가?

① 10일   ② 20일

③ 30일   ④ 60일

80. 다음 중 장기요양기관의 지정을 취소하여야 하는 경우가 아닌 것은?

① 거짓이나 그 밖의 부정한 방법으로 지정을 받은 경우

② 결격사유 중 어느 하나에 해당하게 된 경우

③ 업무정지기간 중에 장기요양급여를 제공한 경우

④ 본인부담금을 면제하거나 감경하는 행위를 한 경우

서 원 각
www.goseowon.com